Education Nationale

Réflexions et propositions

Luigi Zuccante

Le Point du Jour
2, hameau du Grazel
11 430 GRUISSAN

N° ISBN 978-2-9564406-1-1

*On le mettait toujours
au fond de la classe
et il n'écoutait pas parce que
« ça ne sert à rien quand on est bête »*
Nadine MONFILS

Sommaire

Toute ma carrière a été effectuée au sein de l'Education Nationale dans différents types d'établissements et à de nombreux postes, ce qui m'a permis d'appréhender le système éducatif dans une plus grande globalité. A partir de mes pratiques, de mes observations et de mes contacts avec les élèves, les parents et les collègues, j'ai pu mener une réflexion sur cette école pour tous et à partir de mes constats, rédiger ces quelques propositions.

A la fin de l'ouvrage, des articles dont certains ont été publiés dans les Cahiers Pédagogiques permettent de saisir l'esprit dans lequel ont été conçus certains projets.

L'école est bloquée du moins dans certains contextes. Elle a creusé un fossé avec une partie de son public que ce soit les élèves, les parents et parfois les enseignants.

L'encadrement, c'est-à-dire tout le personnel qui forme les jeunes est issu de l'école. Ces personnels n'ont jamais quitté l'école et s'ils sont là, c'est parce que toute leur vie, ils ont respecté les règles avant de devenir eux-mêmes les gardiens de ces règles. Les personnes qui pourraient remettre en question l'école en ont été exclus ou l'ont fuie. Ils ne sont plus là pour la changer.

Au fil du temps, cette institution s'est complexifiée et rigidifiée en vieillissant.

Pour ma part, j'ai eu des parents qui n'ont jamais mis les pieds à l'école même pour leurs enfants, qui n'ont jamais cru en elle. Ils l'ont acceptée pour ne pas avoir d'ennuis. C'était pour eux un monde complètement à part et étranger. Sans y être hostiles, ils y étaient indifférents à tel point qu'ils n'ont jamais su précisément quelles études j'avais suivi ou quelles fonctions j'avais exercées. Ils devaient sûrement m'imaginer comme un employé de bureau à l'abri des intempéries (mon père était manoeuvre sur les chantiers).

A plusieurs reprises, j'aurais dû quitter le système (à 14 ans on m'avait trouvé un emploi chez Caterpillar en usine) mais j'aimais l'école, j'aimais le savoir qu'on m'apportait, j'aimais les salles de classe chauffées et lumineuses, j'aimais aussi m'y amuser, je m'y sentais bien. Mais par-dessus tout, j'aimais mes professeurs. Ils m'apportaient le savoir et satisfaisaient à mon avide curiosité de connaître le monde.

Certains m'ont toujours aidé. L'un d'eux est même venu voir mon père à la maison pour le convaincre de me laisser continuer mes études, j'étais encore mineur et la décision appartenait à mon père. Le professeur a su lui parler et même lui faire avoir quelques larmes aux yeux. Peut-être lui avait-il parlé de l'Italie qui lui manquait beaucoup. Il n'avait pas revu son pays depuis qu'il en était parti pour aller travailler comme betteravier dans le nord de la France.

Ensuite, un couple d'enseignants a financé mes premières années d'études durant toute une année.

C'est peut-être pour toutes ces raisons que je me suis investi dans mes missions et que j'ai essayé d'aider de mon mieux les élèves à réussir et à réaliser leurs rêves, à leur donner la chance que l'on m'avait donnée même si à cet âge-là, on n'a pas toujours conscience de ce que l'on reçoit.

J'avais aussi besoin de poser ces réflexions nées parfois d'intuitions, il est vrai, mais qui souvent m'ont permis d'avancer et de faire progresser les élèves en leur faisant aimer l'école.

Première partie

Les propositions

Un code de déontologie

Dans beaucoup de professions qui apportent une assistance aux personnes en difficulté ou fragilisés, un code de déontologie permet de fixer certaines règles qui doivent être respectées. En France, le code de déontologie médicale est le plus connu mais dans d'autres pays (comme au Canada), nous trouverons des codes pour d'autres professions (psychologues, avocats, etc.).

Pourquoi n'y aurait-il pas un code de déontologie dans le système éducatif à l'intention de tous les personnels ? Nous sommes, en tant qu'enseignants ou personnels de vie scolaire ou même agents de restauration, d'entretien, etc., en présence pour ne pas dire en charge d'une population encore en devenir et en formation. Les enfants et adolescents dont nous avons la charge ne sont pas encore aptes à vivre de manière autonome (même si parfois certains comportements laisseraient penser le contraire). Tous ces jeunes restent influençables non seulement par les adultes qui les côtoient mais aussi par les informations transmises par les réseaux sociaux.

Il est donc nécessaire que nous ayons une éthique qui soit claire et à laquelle nous devons nous référer. Parfois, nous oublions que l'élève est au centre du système, non pas l'élève roi mais l'élève pour lequel on construit un avenir. Il doit s'en approprier les choix progressivement et en connaissance de cause.

Ci-après, des exemples de statut (rédigés en s'inspirant en partie du code de déontologie médicale).

Exemples de statuts

Remarque : l'idéal serait que le code puisse être rédigé et amendé par une commission où siègent différents représentants du monde de l'éducation ainsi que des médecins, psychologues, juges, etc.

ARTICLE 1

Les dispositions du présent code s'imposent à tous les personnels de l'éducation nationale qui sont en contact permanent avec les élèves (écoliers, collégiens, lycéens), quelles que soient leurs fonctions.

ARTICLE 2

Toute personne, au service de l'éducation, exerce sa mission dans le respect de l'élève et de son devenir ainsi que dans le respect de sa dignité. Ce respect ne cesse pas de s'imposer après la sortie de l'élève du système scolaire.

ARTICLE 3

Tout membre de l'éducation nationale, et en particulier l'enseignant, remplit sa mission avec la même conscience auprès de chaque élève quelle que soit l'origine de ce dernier, quelle que soit sa situation familiale, quelle que soit son appartenance ou non à une ethnie, une nation ou une religion, quel que soit son handicap ou son état de santé, quelle que soit son histoire personnelle. En aucun cas, les conditions de travail ou la difficulté d'un contexte ne sauraient être pris comme prétexte pour ne pas remplir cette mission avec la même impartialité et la même équité pour tous.

ARTICLE 4

Chaque enseignant croit en la capacité d'apprentissage de chaque élève et veille à favoriser ses aptitudes. Un enseignement sans cette conviction ne saurait exister.

ARTICLE 5

Aucun membre de l'éducation nationale ne peut s'immiscer sans raison professionnelle et de manière gratuite dans les affaires de famille ni de la vie privée de ses élèves.

ARTICLE 6

L'enseignant ne saurait utiliser comme griefs les antécédents d'un élève et de poser des "a priori", attitude qui serait préjudiciable dans la connaissance objective de l'élève. L'élève doit pouvoir entamer chaque nouvelle année scolaire même en redoublant sans qu'il soit fait état de son comportement ou de son attitude passée.

ARTICLE 7

L'enseignant fait toujours preuve de courtoisie même dans le cas où un élève lui aurait manqué de respect. Il serait indigne et déplacé qu'il réponde à l'élève sur le même ton et de manière irréfléchie.

ARTICLE 8

Dans les limites fixées par la loi et des consignes données par le corps des inspecteurs pédagogiques, l'enseignant est libre de choisir la pédagogie qui lui semble la plus appropriée en vue de résultats optimum. Il devra être capable d'en changer lorsque cela lui semblera nécessaire, ceci en fonction de son public.

ARTICLE 9

Dans la transmission des connaissances, l'enseignant distingue les savoirs confirmés et vérifiés des connaissances non formellement établies. Il fait preuve de prudence à l'égard des connaissances qui peuvent évoluer. Il veille à la bonne compréhension par l'ensemble de la classe des connaissances transmises. L'enseignant s'abstient de tout parti pris dans la transmission des connaissances notamment en sciences humaines.

ARTICLE 10

Les élèves seront toujours évalués avec la plus grande impartialité et l'enseignant y consacrera le temps nécessaire.

ARTICLE 11

L'enseignant ne tirera pas des évaluations de conclusions définitives sur les aptitudes des élèves. Les résultats seront toujours présentés comme des éléments d'appréciation à un moment donné et susceptibles d'évoluer. Au moment de la restitution, si elle a lieu devant le groupe classe, l'enseignant veillera à préserver la dignité de chaque élève.

ARTICLE 12

L'enseignant veille toujours à différencier dans son évaluation les résultats du travail et les problèmes de discipline. Si les problèmes de comportement sont tels qu'ils risquent de fausser sérieusement l'évaluation, il suspend l'évaluation en concertation avec le Chef d'établissement.

ARTICLE 13

L'enseignant respecte ses collègues dans leurs pédagogies et il s'abstiendra de tout jugement de valeur face aux élèves.

ARTICLE 14

L'enseignant apporte aide et soutien aux collègues qui en auraient besoin. Dans l'exercice de ses fonctions, il privilégie toujours avec ses collègues la concertation et le travail d'équipe.

ARTICLE 15

Chaque enseignant entretiendra et perfectionnera ses connaissances à titre personnel et par le biais des formations qui lui seront proposées. Il analysera à intervalles réguliers sa pratique professionnelle.

ARTICLE 16

L'enseignant respecte le droit que possède tout élève de choisir librement son orientation. Il le conseille et facilite le choix tout en indiquant sans exagération la tendance du marché de l'emploi.

ARTICLE 17

L'enseignant s'abstient de porter tout jugement de valeur négatif sur le projet professionnel de l'élève dans la mesure où chaque individu doit pouvoir bénéficier de la présomption de réussite. Tant que l'élève n'a pas abandonné son projet de parvenir à la réalisation de la profession envisagée, l'élève conserve cette possibilité de réussite.

ARTICLE 18

Lorsqu'il a connaissance d'une situation pouvant porter atteinte à l'intégrité de l'enfant, l'enseignant en informe les personnes ressources de l'établissement et conseille l'élève dans ses démarches.

ARTICLE 19

L'enseignant veille toujours à présenter l'établissement dans lequel il travaille sous son meilleur aspect aussi bien à l'extérieur de l'établissement qu'à l'intérieur.

Tous ces articles peuvent être argumentés et commentés.

Voici quelques remarques concernant l'article 17 :

Tout d'abord, rapportons ici une expérience réalisée sur des rats, riche d'enseignements. Elle est citée par Paul Watzlawick (Le langage du changement "éléments de communication thérapeutique", éditions du Seuil).

« Il semblerait que les rats qui tombent à l'eau meurent bien avant d'avoir atteint la limite de leurs forces par épuisement s'ils ont acquis la conviction, après avoir nagé dans tous les sens, qu'il leur est impossible d'escalader le bord pour se sauver. Mais si un rat est alors secouru à temps, son "image du monde" subit une transformation radicale par suite du sauvetage. Si on renouvelle l'expérience, au lieu de renoncer et de couler avec la conviction que la situation est désespérée, le rat continue à nager jusqu'à épuisement total de ses forces. S'il s'agissait d'un être humain et non d'un rat, il ne serait guère aberrant

d'expliquer qu'il ait pu s'accrocher à la vie jusqu'au dernier moment parce qu'il croyait en un pouvoir salvateur capable de lui faire grâce une nouvelle fois.»

Chaque élève a droit à la présomption de réussite. Tant qu'il n'a pas abandonné son projet de réaliser la profession envisagée, l'élève conserve cette possibilité de réussite.

Par exemple, si un élève nous dit qu'il veut être médecin vétérinaire ou pilote de ligne, nous devons nous interdire de lui signifier (par quelque moyen que ce soit : dérision, indifférence, etc.) qu'il n'y parviendra jamais même au prétexte que ses résultats scolaires, son environnement familial ou son attitude en classe ne permettent pas d'envisager la moindre réussite. Nous devons lui donner les moyens d'atteindre son objectif avec une stratégie adéquate ou à défaut de lui permettre de s'en approcher (carrières paramédicales pour les filières de santé, dessin industriel pour les études d'architecte, etc.). Ne pas respecter cette règle de déontologie au prétexte que la réalité est différente, c'est briser l'élan vital d'un élève, c'est également trahir une relation de confiance entre l'enseignant (le dépositaire du projet) et l'apprenant à un moment où l'élève nous fait part de son rêve. N'oublions pas que les rêves sont des puissants moteurs de la réussite s'ils sont relayés par la poussée des décisions. Un article sur ce sujet avait été publié dans Cahiers pédagogiques (voir à la fin de l'ouvrage).

Cela ne doit pas nous empêcher de donner à l'élève de manière objective les conditions pour que cette réussite ait les chances de s'accomplir : développement de certaines compétences, analyse du marché de l'emploi, prise de conscience des qualités indispensables requises pour l'exercice de ce métier, etc.

Plateforme téléphonique pour l'assistance à l'aide aux devoirs

L'égalité en classe n'existe pas et dans une même classe, des élèves vont bénéficier d'une aide chez eux et d'autres pas. Il est illusoire de penser que le fait de supprimer le travail à la maison supprimera les devoirs. Il y aura toujours des enseignants qui donneront du travail, il y aura toujours des élèves qui auront besoin de reprendre leurs cours, de réviser leurs leçons ne serait-ce que pour se préparer aux évalutations et il y aura toujours des parents qui viendront en aide à leur enfant et leur donneront du travail.

Plus fréquemment qu'on ne le croit, des parents font donner des cours privés dans les matières dites stratégiques (mathématiques, français, langue). Ces parents sont persuadés que la réussite passe par ces moyens et ils veulent mettre toutes les chances de leur côté.

Par contre, à côté de ces élèves, nombreux sont ceux qui ne peuvent se faire aider soit parce que les parents n'ont pas le temps, soit parce qu'ils n'en ont pas les moyens (les souvenirs d'école sont déjà loin et ce qu'on demande aux élèves à l'heure actuelle est parfois plus complexe). C'est ainsi que des enfants se retrouvent après les cours, seuls à la maison avec des devoirs à faire et que personne ne peut aider. Souvent, l'élève est bloqué non pas parce qu'il ne saurait pas faire mais parce qu'il ne comprend pas les consignes, il ne sait pas comment s'organiser pour chercher.

L'idée est alors de mettre en place une plate-forme téléphonique avec un numéro d'appel unique (un numéro vert par exemple). Cette permanence téléphonique pourrait fonctionner de 17 heures à 19 heures ou 19 heures 30.

L'avantage de la communication télé-phonique c'est qu'elle demande de l'appelant (l'élève) une implication active. Elle l'oblige à savoir formuler sa demande, à la préciser (en repérant les mots essentiels de la consigne) et surtout à la conceptualiser. L'intervenant va aider l'enfant à trouver lui-même les réponses, à revenir dans les cours ou sur certaines pages du manuel. L'enfant sera dans une démarche active même si les premières fois, il risque d'être déstabilisé mais à terme, il apprendra à chercher et répondre à ses propres interrogations.

Avec quels intervenants ?

Les intervenants pourraient être des enseignants payés en heures supplémentaires et des bénévoles au sein d'associations (pour certains niveaux et disciplines). Un standard prendrait les appels et en fonction de la demande (du niveau et de la discipline) redirigerait l'appel vers la personne compétente. Le dernier avantage est de permettre à certains enfants, qui ne peuvent sortir ou n'ont pas de structures associatives d'aide aux devoirs, d'être aidés malgré tout. Il ne faut pas oublier les élèves isolés au fin fond de leur campagne et qui n'ont aucune structure associative à proximité.

Cette proposition vient compléter celle qui peut être donnée pour l'aide aux devoirs le soir dans les établissements. Elle reste différente : la plupart des élèves qui restent à l'aide aux devoirs sont souvent des élèves qui ne sont pas en grosse difficulté. D'autres restent parce qu'ils sont contraints (attente des bus, demande des parents, etc.) mais ils n'en profitent pas pleinement. Pouvoir appeler et avoir quelqu'un au bout du fil qui va être à l'écoute, sans jugement de valeur (à qui on peut poser des questions "idiotes" qu'on n'oserait pas poser en groupe ou en classe), ne peut qu'être positif.

Sauvegarde des publications réalisées par les élèves

L'idée serait d'avoir un lieu où on puisse conserver les publications réalisées par les élèves ou grâce à eux (livres – films – DVD, etc.).

Il ne s'agit pas de recueillir toutes les productions mais seulement celles qui ont un résultat quasi-professionnel et qui ont eu une diffusion dépassant celle de l'établissement : ouvrages tirés à plus d'une centaine d'exemplaires, vidéos enregistrées et diffusées. Il faudrait exclure de cette collecte les journaux scolaires trop nombreux et réalisés de manière très inégale, les ouvrages non brochés et tirés à seulement quelques exemplaires.

Pourquoi un tel projet ?
Autant, il est assez facile de trouver des ouvrages scolaires réalisés par des enseignants ou des chercheurs dans certaines bibliothèques ou dans des musées de la pédagogie (comme il en existe dans le Gers

ou dans l'Aude), autant les œuvres produites par les élèves ne sont jamais répertoriées ni conservées et disparaissent à jamais, ce qui est une perte aussi bien sur un plan culturel que sur un plan universitaire. En effet, les chercheurs pourraient analyser ces productions et permettre de mieux comprendre par exemple les stratégies d'apprentissage et de création chez les élèves.

Dans un premier temps, il pourrait s'agir d'une Maison de l'élève (ou autre dénomination plus pertinente) dans quelques académies à titre expérimental. A l'intérieur de cette structure, non seulement, il serait possible de consulter les ouvrages réalisés mais il pourrait y avoir également des expositions temporaires de manière régulière présentant les travaux d'élèves ou tout simplement des expositions réalisées par des classes et qui méritent d'être rediffusées. Les ouvrages seraient répertoriés et consultables sur le web.

Cela devrait dans un premier temps concerner une quinzaine d'ouvrages par an et par académie. Mais le fait de l'existence d'une telle démarche stimulerait sans aucun doute d'autres productions.

Un projet avait été élaboré dans ce sens avec un musée (sous forme d'association) mais il n'a pu aboutir faute de moyens. De plus, le projet n'avait pas été soumis auprès à la collectivité territoriale. Dans les pages suivantes se trouve la convention telle qu'elle avait été rédigée.

Voici la convention qui avait été rédigée pour un tel projet. Malgré l'adhésion formelle de toutes les parties, ce projet n'a pu se réaliser faute de moyens. Volontairement, les noms et lieux ont été masqués.

Convention de partenariat

Entre d'une part
Association des Amis du musée de l'Ecole publique
représentée par X
Président de l'association
Musée de l'Ecole publique, adresse

Et d'autre part
Le Ministère de l'Education nationale, de l'Enseignement supérieur et de la Recherche, l'Académie de X , représenté par X ,
Recteur de l'académie de Toulouse et Chancelier des Universités
représenté par le Délégué Académique à l'Action Culturelle, X

Rectorat de l'académie de X - adresse
ci-après désigné par "Rectorat de X"

Il est convenu et établi ce qui suit:
Article 1 : Objet de la convention
Dans le cadre du musée de l'Ecole publique, l'Association X et le Rectorat de l'académie de X, conviennent de développer un projet commun afin de :
- créer un lieu de mémoire des élèves en sauvegardant leurs productions imprimées
- mettre en valeur le travail des élèves en mettant à

34

disposition du public leurs ouvrages et en référençant les ouvrages répertoriés sur un site web

- permettre à des enseignants, chercheurs ou universitaires d'avoir accès à ces documents réalisés par les élèves

Article 2 : Descriptif du Projet

Un peu à l'image des Musées de la résistance, l'opération devrait permettre de sauvegarder les productions abouties, réalisées par des élèves et ayant fait l'objet de plusieurs tirages. Il ne s'agit pas dans cette phase de mise en place de sauvegarder les travaux d'élèves réalisés sur des supports uniques (cahiers d'élève, polycopiés, dossiers) pour des raisons purement logistiques (il semblerait difficile à terme de stocker toutes les productions d'élèves). Néanmoins, il n'est pas exclu d'envisager que des productions uniques mais exceptionnelles soient sauvegardés.

Article 3 : Choix des productions

Dans la mesure où une production a été diffusée à un public plus large que la classe (ensemble de l'établissement, parents, environnement proche de l'établissement), elle peut être sauvegardée.

Pour les productions à faible diffusion, une validation peut être demandée par le musée au corps des inspecteurs (IA-IPR)

Article 4 : type de productions

Plusieurs types de productions sont envisagées :

- les ouvrages, carnets de voyage, livres de photographies, etc.

- les cassettes vidéo réalisées par des élèves

- les CD-ROM et DVD réalisés par des élèves

Matériellement, il ne sera pas envisagé de conserver les productions artistiques de manière systématique (sauf pour quelques œuvres dans le cadre d'une exposition temporaire ou d'une salle spécialement aménagée), un autre lieu devra être envisagé.

Article 5 : classes concernées

Le projet étant innovant, il semble utile de répertorier, dans un premier temps, toutes les productions comprenant la période *a minima* de la scolarité obligatoire (1er cycle et second cycle) mais les productions réalisées jusqu'en terminale pourraient être acceptées.

Article 6 : zones géographiques concernées

Les ouvrages et œuvres réalisées dans l'académie seront prioritairement sélectionnées. Néanmoins, dans la mesure où des établissements hors région enverraient leurs productions, elles pourraient être prises en compte. Cela se justifierait par le fait que s'il n'existe pas de projets similaires, le musée de l'Ecole Publique pourrait dans un premier temps conserver ces œuvres. Faisant partie d'un projet touristique global, le musée peut recevoir ces œuvres venues d'ailleurs.

Article 7 : Conditions de participation

Les ouvrages devront être conçus par les élèves : par exemple, une histoire locale rédigée par une classe, un recueil de textes sur un thème donné, une vidéo sur des problématiques actuelles, un concours de nouvelles organisé par un groupe d'élèves, etc. Le critère prépondérant est que le résultat soit réellement le fruit d'un travail d'élèves (ce travail résultant ou non d'une collaboration avec des partenaires, d'un accompagnement ou pas d'enseignants, en rapport ou non avec les programmes scolaires).

Article 8 : Contribution du musée de l'Ecole publique

Le musée s'engage à inventorier les productions reçues, éventuellement à les classifier et à les rendre visibles et accessibles que ce soit par l'intermédiaire d'un site internet que par leur consultation dans les conditions qui lui sembleront les plus aptes à mettre en place.

Article 9 : Contribution du Rectorat de l'académie de X

Le Rectorat de l'académie recueille les productions des élèves par un appel aux chefs d'établissement et les fait parvenir au musée de l'Ecole. Elle se réserve la possibilité de ne pas transmettre les ouvrages qui ne correspondraient pas aux critères définis à l'article 4

Article 10 : Durée

La présente convention prend effet à partir de la date de la signature et pour une durée de dix ans. Il peut être procédé à tout moment à la dénonciation du partenariat, à l'initiative de l'une ou l'autre des parties contractantes, sous réserve de respecter le délai de préavis de six mois qui prend effet le premier jour de la notification à l'autre partie de la dénonciation par lettre recommandée avec accusé de réception.

Fait à X , le
En double exemplaire

Le DAAC   le président de l'association,

Des cours de philo pour tous

Actuellement, les cours de philosophie existent dans les lycées d'enseignement général et technologique mais ils sont absents des lycées professionnels bien qu'on y prépare aussi les élèves au baccalauréat pour ceux qui continuent au-delà du CAP et BEP.

Qui en aurait le plus besoin ? Ceux qui vont poursuivre des études à l'Université ou ceux qui vont entrer dans la vie active ? C'est une question qui parfois pose débat mais qui n'a pas vraiment de sens si on se place du côté de l'être que l'on forme.

En fait, tous les élèves ont besoin de ces cours qu'ils entrent dans la vie active ou qu'ils continuent à l'Université. C'est une période importante de l'adolescence où l'on se pose des questions dites "philosophiques" voire « existentielles », où on s'interroge sur le sens de la vie, sur les comportements humains, sur la fonction des sociétés, sur l'être humain, sur la perception du réel, sur ce qu'est l'esthétique, etc. En interrogeant le monde, on s'interroge aussi et on prend mieux conscience de notre place dans cet univers. Un esprit éclairé, conscient de la relativité des cultures, de la richesse des civilisations lutte mieux contre l'endoctrinement qu'il soit religieux ou autre.

Priver les élèves de lycée professionnel de cours leur permettant de mieux comprendre le monde dans lequel ils vivent, c'est les priver de quelque chose d'essentiel, c'est mutiler leur personnalité et les empêcher de s'épanouir pleinement.

Avoir la possibilité de suivre ces cours et de s'y exprimer permet aussi de prévenir les souffrances, les soumissions et influences diverses, d'avoir son propre jugement sur le monde, sur la société. Face à un suicide, face à la mort, nous sommes quand même mieux armés lorsqu'on a été préparés à réfléchir à ces questions, à les admettre aussi. Ils permettraient aussi de ne pas tomber dans le piège des discours séduisants parce qu'ils sont ordonnés, savants, portés par des mots qui sonnent merveilleusement bien mais qui sont vides de sens ou qui ne signifient pas grand-chose.

On devrait pouvoir donner des cours de philosophie à toutes les terminales, bac

pro compris mais aussi à tous les sortants
(BEP /CAP).

Un projet par classe

J'ai toujours fait le constat lorsque je préparais les conseils de classe trimestriels que les classes qui avaient "vécu" un projet durant l'année scolaire, avaient en général de meilleurs résultats que les élèves des autres classes qui n'avaient pas eu de projet.

A quoi tenait cette meilleure réussite ?

Bien sûr, le fait d'avoir réalisé un projet, de s'être impliqué et d'avoir donné du sens à sa scolarité apporte un meilleur investissement et donc une meilleure réussite. Mais un autre facteur non négligeable venait aussi participer à ces résultats, c'est le fait d'avoir des enseignants qui acceptaient (souvent avec une très grande motivation) de suivre et de porter un projet. Du fait de ces engagements, cela avait également une incidence sur la constitution des équipes pédagogiques et des classes (parfois cela influençait la constitution des classes notamment lorsque les projets étaient liés aux langues étudiées par les élèves ou liés à des options). Des équipes pédagogiques se soudaient autour d'un projet et d'une classe.

Malheureusement certaines classes n'avaient pas de projet (faute d'enseignants disponibles, faute de moyens ou tout simplement par manque d'intérêt). Les élèves de ces classes se sentaient particulièrement exclus lorsqu'ils se persuadaient que certains de leurs camarades dans d'autres classes avaient été privilégiés.

La proposition est donc de décider en début d'année que chaque classe ait un projet (la notion de projet doit être revu) qui soit porté par l'un des membres de l'équipe. L'idée est de demander à chaque équipe pédagogique (c'est-à-dire pour chaque classe) de proposer aux élèves un projet qui sera réalisé tout au long de l'année scolaire. Il n'est pas nécessaire que les projets soient complexes bien au contraire. Ils doivent être facilement réalisables par tous et être terminés dans l'année scolaire quitte à prévoir des prolongements pour des élèves qui souhaiteraient s'y investir davantage.

Voici quelques exemples possibles de projets pour des collégiens :

- recueillir la mémoire des personnes âgées sur un thème précis (évolution de leur environnement, utilisation des réseaux sociaux, liens familiaux, souvenirs de jeunesse, lectures, etc.) par enquêtes, interviews, questionnaires, vidéos et photographies...

- écrire un recueil de textes : poésies, nouvelles, chroniques, etc.

- organiser une sortie scolaire avec un objectif culturel à l'appui (dans le cadre de la connaissance du patrimoine par exemple)

- mette en place une action de solidarité avec un partenariat ou non (AICF- opération "un bouchon un sourire"- etc.). Il ne s'agit pas de se substituer au Comité d'Education à la Santé et à la Citoyenneté (CESC) mais peut-être d'élargir la problématique.

- réaliser des reportages sur des métiers à découvrir.

- concevoir un recueil de textes et l'éditer (en impression numérique)

- préparer une exposition en partenariat avec la collectivité locale de proximité (Mairie le plus souvent)

- organiser un spectacle de fin d'année ou mi-année pour des primaires si on est collégien et pour des collégiens si on est lycéen

- concevoir un jeu éducatif (sur le

modèle d'un jeu de cartes, du jeu de l'oie)
   - etc.

Les idées peuvent facilement fuser en présence des élèves et même si elles semblent irréalisables, il est intéressant de les noter et de les étudier.

L'intérêt de cette proposition c'est que tous les élèves ont besoin d'un projet qui va personnaliser la classe et donner la sensation à ses membres d'être utile aux uns et aux autres.

Par ailleurs, si les élèves y trouvent une motivation supplémentaire de se retrouver à l'école, il est fort probable que les enseignants s'investissent également dans cette démarche car elle va renforcer le plaisir de partager une expérience, de vivre une (petite) aventure avec les élèves, ce qui permet aussi aux uns et aux autres de s'estimer et s'apprécier dans des activités communes d'autant plus qu'elles auront fait l'objet d'un consensus.

Enfin, c'est aussi apprendre aux élèves et aux enseignants à travailler ensemble (entre élèves, entre enseignants et entre professeurs et élèves), à réaliser une oeuvre

commune et de participer ainsi à une fierté
de l'établissement ou au moins d'appartenir
à un groupe classe. Chacun aura un rôle et
une place dans le groupe.

Un Comité de Sensibilisation aux Métiers

Dans le but de prendre connaissance des différents métiers et de faciliter les choix d'orientation, à plusieurs reprises, nous avions mis en place des rencontres avec les professionnels en faisant appel aux partenaires de proximité et aux parents volontaires. Ces réunions s'étaient organisées avec beaucoup de facilité : les parents étaient enthousiastes, les élèves demandeurs et fiers de faire intervenir leurs proches, les professionnels heureux d'évoquer leur métier auprès des jeunes.

À la suite de ce constat, il semblait intéressant de mettre en place de manière plus institutionnelle un comité de sensibilisation ou de découverte aux métiers. Il pourrait fonctionner à l'instar du Comité d'Education à la Santé et à la Citoyenneté (CESC) qui définirait, en cohérence avec le projet d'établissement, une politique de découverte des métiers d'une manière concrète avec intervenants et stages d'observation. Ce comité pourrait être composé de personnels du collège (conseiller d'orientation – enseignants – principal – CPE - et tout personnel volontaire), de parents d'élèves, de représentants des collectivités locales et dans la mesure du possible de représentants de la Chambre des Métiers, de la CCI, de syndicats de professionnels comme celui des hôteliers/restaurateurs, etc.

Un tel comité présente beaucoup d'avantages :

- un partenariat avec des acteurs de proximité : en effet, quoi de mieux que de rencontrer des professionnels qui sont domiciliés dans le secteur de recrutement de l'établissement et qui sont disponibles pour répondre à des demandes ou se prêter à des enquêtes pédagogiques.

- des partenaires privilégiés qui peuvent offrir des stages aux élèves (ils sont le plus souvent dans le même secteur géographique que les élèves) et sont souvent prêts à aider l'établissement qui accueille leurs enfants.

- un regroupement de personnes : chefs d'établissement, enseignants, élèves, représentants de collectivités et d'associations (mairie, maison de l'emploi, de fédérations d'employeurs, etc.) qui chacun, à titre divers, retirent un intérêt de ce partenariat (pour le collège, des lieux de stage, pour la mairie, une utilisation et une meilleure communication des ressources locales, pour les professionnels, des stagiaires mieux informés des attendus de la profession, pour les parents et intervenants un resserrement des liens entre générations).

Ce type de dispositif permet d'ouvrir encore plus le collège à son environnement proche tout en préparant l'avenir de nos élèves.

Pass Musée

L'objectif de cette proposition est d'offrir à des élèves une Carte Pass Musée leur permettant d'entrer dans des musées nationaux et municipaux gratuitement.

En effet, il faut permettre à tout jeune de pouvoir accéder à la culture et au savoir et notamment lui faciliter l'entrée dans les musées. La culture permet de comprendre le monde dans lequel nous vivons tout en favorisant une meilleure connaissance entre générations mais aussi entre différentes civilisations. Prendre conscience ne serait-ce que tous les peuples ont une histoire, que "pendant des dizaines et même des centaines de millénaires, il y a eu des hommes qui ont aimé, haï, souffert, inventé, combattu" *(Claude Lévi-Strauss, "Race et Histoire")*.

Pour quels élèves ?
La donner à tous serait possible mais n'aurait pas le même effet que si elle est distribuée de manière un peu « cérémoniale » et attachée à certains acquis.

Des suggestions :

\- la distribuer en sixième en complément du dictionnaire ou parfois de la clé USB offert par le Conseil Général en début d'année. Ce niveau permet de lancer le processus pour un élève entrant

\- la distribuer sur demande de l'élève par le professeur principal (ou la Vie Scolaire)

\- la donner aux élèves méritants (dont les efforts dans la scolarité ont été particulièrement remarqués, quels que soient les résultats)

\- l'attribuer à des élèves qui se seraient particulièrement investis dans l'établissement (membres du CA – délégués – actions citoyennes- etc.)

Mais l'idéal resterait quand même que chaque élève puisse en bénéficier et, surtout, qu'il utilise cette carte le plus fréquemment possible.

Il est difficile de trouver la bonne solution. D'une part, la donner à tous risquerait d'en faire un objet banalisé et les élèves n'iraient pas pour autant au Musée (car ils savent qu'ils ont toujours cette possibilité de le faire et se satisfaire de cette situation) et, d'autre part, la donner de manière ciblée permettrait de valoriser ce Pass et pourrait inciter à l'utiliser lorsqu'on la possède.

L'élève pourra, pour reprendre Claude Lévi-Strauss (dans le même ouvrage déjà cité dans le chapitre "Le double sens du progrès") "*écouter le blé qui se lève, encourager les potentialités secrétes, éveiller toutes les vocations à vivre ensemble que l'Histoire tient en réserve...*"

« **Profs services** »

Beaucoup d'enseignants ne se lancent pas ou abandonnent vite des projets pour des raisons parfois purement logistiques. Ils sont plus nombreux qu'on ne le pense. L'enseignant est d'abord là pour enseigner et le projet est "un petit plus" qui souvent déborde sur ses cours.

Lorsque nous sommes dans une association, une entreprise, souvent mettre en place un projet, le suivre, le développer est le cœur même de l'activité de l'association ou de l'entreprise. Dans un établissement, le projet reste secondaire même si pour l'individu, il a beaucoup d'importance.

Voici quelques exemples de difficultés qui sont parfois des freins :

- ne pas savoir à quelle organisation, à quels organismes s'adresser pour une demande de financement ou de subvention. Il y a de très nombreuses associations en France ou fondations qui apportent leur aide (la contrepartie est toujours d'envoyer un dossier et de rentrer dans les critères)

- ne pas connaître les coordonnées du

bon interlocuteur ne serait-ce qu'au rectorat (ou n'avoir pas de réponse). Parfois si on a quelqu'un, la personne n'est guère disponible et a aussi souvent d'autres tâches à gérer.

 - ne pas savoir remplir correctement un dossier. Les dossiers de certains projets européens sont de vrais " casse-tête " et nécessitent parfois une certaine expertise pour renseigner les documents.

 - ne pas avoir à disposition les projets similaires réalisés par des collègues. Il serait utile de centraliser ces expériences sous forme de tableau et pouvoir rechercher à partir de mots-clés les informations utiles ou intéressantes et pourquoi pas avoir la possibilité de contacter les collègues ou l'établissement pour avoir des précisions ne serait-ce que sur la mise en œuvre.

 L'idée qui en découle serait de mettre en place un portail unique (numéro de téléphone et mail) destiné aux chefs d'établissements et aux enseignants qui désirent être aidés et renseignés, voire d'être accompagnés dans certaines étapes de la réalisation de leur projet.

Ce service situé à l'intérieur d'un rectorat ou dans une autre structure pourrait recevoir les mails et/ou appels et s'engager à répondre dans les 48 heures. Ensuite, au vu des questions posées et des réponses, il serait possible de constituer une banque de données sous forme de questions-réponses.

L'école doit s'ouvrir davantage sur le monde extérieur et on doit faciliter les démarches.

Mise en place d'un numéro vert pour les personnels en souffrance ou en difficulté

Il est difficile pour un personnel dans notre administration de pouvoir se « plaindre » ou tout simplement de dénoncer une situation qu'il vit mal. Il faut constamment passer par la voie sacrée de la hiérarchie. Il est tentant pour un supérieur hiérarchique de minimiser le problème, voire de l'étouffer, non pas qu'il veuille porter tort à la personne mais parce que lui-même serait mis à mal par ses supérieurs également.

Il y a beaucoup de cas où les personnels n'ont pu faire entendre leur voix et qui ont « fui » leur fonction et n'ont pas rempli leurs missions de manière optimale. J'évoque ici les congés maladie, reconversions (quand c'est possible), dépression, inertie au travail...

Beaucoup de personnels souffrent en silence. Je n'évoque pas ici les enseignants face à des classes difficiles qui les "maltraitent". Ces enseignants n'osent pas en parler de peur d'être stigmatisés et d'être considérés comme "mauvais enseignant" (même par leurs collègues). Ces enseignants perdent confiance et ils ont besoin d'être écoutés et accompagnés[1]. De plus, dans ces situations, les individus deviennent parfois paranoïaques et se méfient des solutions qu'on leur propose quand elles viennent de l'encadrement par exemple.

Que faire ?

L'idéal serait un numéro de téléphone qui soit complétement indépendant du ministère de l'éducation nationale. Les personnes en souffrance souvent n'ont plus confiance en l'institution car elle ne leur vient pas en aide comme ils le souhaiteraient.

Ce numéro pourrait dépendre du Ministère de la Santé ou du Ministère du Travail.

note[1]: Une collègue cadre s'est pendue au matin même où elle attendue au rectorat. D'autres ont fui les RDV et étaient malades ce jour-là. Certains ont fait des dépressions sévères. Ce sujet est beaucoup plus grave qu'on ne le pense et presque tabou (parce qu'on responsabilise la personne et non un contexte : "la personne était "fragile" !).

Deuxième partie

Articles publiés et autres textes

J'ai publié une série d'articles dans diverses revues. Certains de ces articles ont été dépassés par l'actualité, comme la note de Vie scolaire qui n'existe plus, et donc ne figurent pas dans cet ouvrage.

Ma réflexion sur les exclusions m'a inspiré bon nombre de propositions. Certaines sont encore au stade de la réflexion et en cours de rédaction.

Ce texte avait été rédigé pour une intervention visant à éviter les exclusions et à trouver des alternatives.

Les exclusions d'élèves

Les exclusions de cours font partie de cet arsenal que nous utilisons pour lutter contre les comportements déviants ou jugés comme tels pour un élève qui ne respecte pas les règles scolaires. Les exclusions lorsqu'elles sont récurrentes ne font qu'exacerber l'agressivité (qu'elle soit manifeste ou non) de l'élève.

Les exclusions de cours

Dans certains collèges difficiles (qui ne sont pas forcément répertoriés comme sensibles, parfois à la demande de l'établissement pour ne pas ternir l'image son image), la plupart des élèves qui sont exclus de cours sont des élèves qui ont décroché avec l'école et qui accumulent des lacunes depuis quelques années. Ils ne sont plus capables de suivre un cours de manière satisfaisante. Parfois, ils sont victimes des préjugés de classe ou de leur situation sociale, voici quelques réflexions entendues parmi les enseignants :

- « Ce sont des gitans, ils viennent parce qu'ils sont obligés mais ils ne feront jamais d'études ! »

- « Même les parents ne s'en occupent pas, alors qu'est-ce que vous voulez faire ! »

Or, lorsqu'on fait travailler ces élèves dans des ateliers d'écriture ou lorsqu'on les sanctionne avec par exemple un dossier à réaliser, un texte à écrire, on s'aperçoit qu'ils ont envie de le faire et réussissent la tâche (tant que les sujets donnés restent dans leurs compétences).

Il n'y a pas de refus net de ce type de travail bien au contraire malgré les réticences d'usage et de bon aloi au départ (les élèves continuent de jouer leur rôle de rebelles dans lequel ils ont été enfermés).

Ces élèves ont le désir profond de réussir et d'être comme les autres. Mais ils ont pris trop de retard et on ne sait plus comment faire pour pallier ces manques. Trop compliqué, trop difficile et trop prenant pour l'institution ! Nous ne sommes pas non plus formés à ce type d'approche.

La réponse la plus brutale à l'encontre

d'un élève qui ne respecte pas les règles de l'enseignement est l'exclusion de cours. On l'exclut parce qu'il est une « perturbation » et une entrave au bon déroulement du cours. Il peut s'agir de sa part d'un retard systématique lorsqu'il se rend en cours (le retard lui-même peut être symptomatique d'un rejet de l'école), d'une entrée en classe sur le thème de la pitrerie, d'un travail non fait, d'un oubli de son manuel ou de son cahier, d'une intervention inopportune, etc. Les motifs sont variés et parfois peu comparables (du travail non fait à l'impertinence caractérisée).

Quand l'exclusion devient récurrente pour un même individu, c'est lui signifier en quelque sorte qu'il n'a plus sa place d'élève à l'école (surtout si ces renvois ne sont pas assortis d'un travail). On ne cherche plus à comprendre, on résout le dilemme en le retirant de son groupe classe. L'élève se retrouve en permanence dans le meilleur des cas ou chez lui lorsque c'est une exclusion de l'établissement.

Lors de son retour, les choses s'aggravent car on lui demande d'être aussi performant que ses camarades : l'équipe pédagogique pense qu'il était de sa responsabilité de rattraper les cours (c'est une constituante de la punition) mais surtout de les avoir assimilés. L'élève revient en classe, encore plus exclu qu'avant car il n'a évidemment pas mis ses cours à jour (comment aurait-il pu en l'absence de contact avec la classe ?), et a perdu le fil de l'enseignement. De plus, il est resté chez lui dans le désœuvrement car dans la plupart des cas, les parents travaillent et sont obligés de laisser l'enfant seul. Certains sont dans la rue si la surveillance des parents est moins stricte voire impossible à exercer. Les autres passent leur temps devant un écran numérique ou télévisé.

Il est absolument nécessaire d'accompagner toute exclusion d'un travail à faire (style dossier ou enquête) non pas seulement pour occuper l'enfant ou se donner bonne conscience mais aussi pour lui signifier qu'il reste un « élève » et qu'il doit poursuivre l'acquisition des savoirs même quand il en est exclu temporairement. Le travail doit rester simple (et non pas une série d'équations à résoudre ou des dissertations à rédiger que les meilleurs de la classe ne sauraient même faire seuls). Par contre l'exigence d'un devoir rendu soigné doit être maintenue.

Autre palliatif utilisé : les stages

Pour une catégorie d'élèves, souvent toujours les mêmes, on pense qu'il n'y a plus de solution scolaire et on croit œuvrer pour leur bien en leur trouvant des stages d'observation (en plus de ceux qui sont prévus par les textes). A ce stade, on a perdu toute confiance dans leur réussite scolaire. C'est une autre forme d'exclusion scolaire.

Par ce choix lorsqu'il est répété (certains font ainsi plusieurs stages à la suite), on signifie très clairement à l'élève qu'il n'est pas fait pour l'école (ou que l'école n'est pas faite pour lui). C'est aussi lui faire comprendre qu'il ne relève plus du champ scolaire.

L'élève est en droit de se remettre en question : même dans les régions du monde les plus déshéritées, l'école est un accès au savoir et au monde. On en est privé lorsqu'on n'a pas les capacités intellectuelles pour comprendre et acquérir ces savoirs c'est-à-dire lorsqu'on a en quelque sorte une déficience.

A quel titre peut-on empêcher un élève de faire des études et de le renvoyer à un déterminisme supposé ? C'est justement la plainte qu'expriment les parents lorsqu'ils nous disent que c'est l'école qui ne veut pas de leur enfant. Et à leur tour de s'exclure du système qui ne les accepte pas. Le summum est, lorsqu'à ces mêmes élèves, on va leur donner tous les outils possibles pour les aider à quitter le collège : comment passer un entretien d'embauche, comment rédiger une lettre de motivation, etc. Ces compétences sont nécessaires et utiles mais lorsqu'elles sont dispensées seulement à quelques-uns, elles prennent un caractère discriminatoire et renvoient les élèves de l'école.

Les élèves qui reviennent de stage ont au mieux peut-être trouvé une motivation pour quitter le collège dès qu'ils le pourront mais en attendant, il faut bien qu'ils se rendent en cours.

Comment se perçoivent-ils lors de leur retour ? La classe a avancé dans leur programme, aggravant leurs lacunes. Ils ne font plus partie du groupe-classe, ils sont marginalisés. Et si la carotte du temps passé en entreprise ne fonctionne plus, ces élèves décrochent tout simplement. Les professeurs ont eu un temps de répit.

Les stages doivent rester une mesure exceptionnelle et parfaitement intégrée dans un projet d'orientation mûrement choisi.

Comment prévenir ?

Comment prévenir ces violences et ces exclusions ? C'est l'ensemble des dispositifs qui doit être repensé dans le cadre d'un projet d'établissement en essayant d'impliquer davantage les élèves dans la scolarité et l'acquisition des savoirs. Quelques pistes sont à développer mais chacune d'elles offre une potentialité de réussite et c'est à chacun de nous de faire preuve d'imagination en fonction des personnalités en présence (enseignants et élèves).

Un projet par classe

Avoir un projet de classe permet aux élèves de s'identifier au groupe-classe, d'avoir une identité spécifique qui va agir comme une émulation. Travailler sur un projet qui leur tient à cœur et qui verra son aboutissement en fin d'année (cela peut être la préparation d'une simple exposition, une enquête de terrain, un voyage scolaire, la préparation d'une pièce de théâtre, l'écriture d'un fascicule, journal, etc.) peut être très fédérateur pour les élèves d'une classe.

Coordonné par le professeur principal (et mené ou encadré par un professeur volontaire), ce projet même si la plus grande partie est réalisée hors des cours (chez soi ou au collège durant les temps libres), renforce les liens que l'élève crée avec son environnement scolaire. Il s'approprie son lieu de travail.

Il arrive trop souvent que les projets se montent par le biais de certaines équipes pédagogiques parce que les professeurs ont choisi de travailler ensemble. Ils se retrouvent alors dans certaines classes. Cela est vécu par les classes qui n'ont pas de projet comme une injustice, comme une relégation de la classe avec une certaine culpabilité "on ne fait pas de projet avec notre classe parce que on est «mal aimés»".

Il est vrai que les enseignants choisissent de faire des projets avec les classes les plus faciles c'est-à-dire celles qui ne vont pas poser de problèmes de discipline alors même que ce sont ces classes qui en auraient le plus besoin. Ce sentiment d'être laissées pour compte se répercute au niveau comportemental de la classe. On remarque que les élèves sont plus difficiles dans ces classes.

Le projet personnel de l'élève

Il arrive trop souvent qu'en troisième des élèves ne savent toujours pas (ou du moins ne l'avouent pas) ce qu'ils vont faire plus tard. Même si les choix sont difficiles au collège, il reste essentiel qu'un élève ait réfléchi sur son projet d'orientation et qu'il sache quels sont les secteurs qui peuvent l'attirer. Il vaut mieux hésiter entre plusieurs solutions que de n'avoir aucune idée de ce que l'on pourrait faire. Non seulement l'élève, qui n'a aucune idée de ce qu'il pourrait faire, subit son orientation mais il subit aussi ses enseignements. Savoir pourquoi on travaille et avoir une idée relativement précise de ce que l'on veut permet d'accroître la motivation.

Des lieux d'écoute (ou de respiration) informels

De plus en plus d'élèves ont besoin de parler. La vie est difficile pour les adultes mais elle l'est également pour eux tant les évolutions sont importantes et rapides ; on leur demande de se responsabiliser de plus en plus précocement alors qu'ils sont de moins en moins autonomes. Etre livré à soi-même ne signifie pas pour autant qu'on devient autonome et pourtant beaucoup de nos élèves sont livrés à eux-mêmes lorsqu'ils rentrent car les parents travaillent ou ont d'autres soucis.

Il est nécessaire que des lieux d'écoute (de respiration) existent dans le collège. L'idéal restant l'infirmerie (où l'élève sent que le secret est préservé) ou le bureau de l'assistante sociale. Mais cela peut être aussi le bureau de la CPE ou de l'équipe de direction. Il faut que les équipes éducatives acceptent qu'un élève vienne à l'infirmerie même sous un prétexte que d'avoir un élève qui en vient à craquer parce qu'il n'en peut plus (c'est là que commence l'escalade car un élève renvoyé de cours une 1ère fois dans la journée se voit renvoyer une 2ème puis une 3ème fois car il ne s'est pas apaisé bien au contraire). Il faut former les membres de l'établissement à accepter ces moments de respiration de l'élève. On diminue par deux ou par trois le nombre d'incidents quand les élèves peuvent trouver une écoute réconfortante. Ils repartent en cours rassurés, rassérénés. Ils ne se feront pas exclure une seconde fois et pour le reste, ils rattraperont le cours sans problème. Ces lieux d'écoute ou de respiration peuvent aussi être des moments où on permet à l'élève d'écrire. Pour certains, il est plus facile de mettre sur le papier ce qu'ils ont sur le coeur que d'être questionnés et de se sentir dévisagés.

Des équipes éducatives stables mais pas trop anciennes

Souvent, il est noté qu'il est préférable d'avoir des équipes pédagogiques stables, ce qui est sûrement vrai bien que l'on confonde parfois le symptôme et la cause (les équipes deviennent instables quand des dissensions importantes existent soit entre les membres d'une équipe, soit entre la direction et les équipes).

Il est parfois plus facile de repartir avec

des équipes nouvelles qui apportent de nouvelles habitudes. Les équipes pédagogiques trop anciennes dans l'établissement acquièrent des habitudes parfois au détriment des élèves : les fratries sont connues et les étiquettes sont vite posées.

Par ailleurs, il est plus difficile pour le chef d'établissement d'exercer son autorité auprès de personnels qui sont la mémoire de l'établissement et qui se sont enfermés dans des habitudes. Certains enseignants (cas rencontrés) ont commencé comme surveillant et ont exercé dans l'établissement jusqu'à leur retraite. Si c'est un atout de connaître l'établissement, cela peut être dommageable car d'abord, ils constatent qu'ils n'ont plus les mêmes élèves et ils regrettent amèrement le passé. Ils ne voient pas toujours que la société a changé et ils ne voient pas qu'ils ont aussi changé : les cours deviennent répétitifs, l'investissement dans l'établissement s'use et il n'y a plus le charme de la nouveauté, celui de connaître une nouvelle population scolaire, dans des équipes pédagogiques nouvelles.

Les chefs d'établissement ne restent pas assez longtemps dans les établissements et ils partent au bout de 3 ou 4 ans quand ils commencent à connaître de manière plus fine les acteurs de leur établissement. Cela est d'autant plus court que la première année ne permet pas toujours de mettre ses projets en route (c'est la politique d'établissement du précédent chef qu'il faut continuer puisque voté en CA l'année scolaire précédente). Certains partent aussi parce qu'il est parfois difficile de lutter contre l'inertie de ces équipes bien installées.

Les enseignants ne bougent pas assez et une fois nommés, ils sont titulaires de leur poste et peuvent rester à vie dans l'établissement. C'est parfois dommage. Pourtant une mutation de temps à autre dans un périmètre acceptable (par rapport au domicile) serait bénéfique pour tout le monde.

Des activités au sein du collège (FSE - UNSS)

Plus il y a d'activités au sein du collège ou de l'établissement scolaire, plus celui-ci devient attractif et valorisant. Cela est d'autant plus positif que ces activités sont encadrées par des enseignants qui connaissent les élèves sur un autre plan. Ces activités valorisent les élèves et renforcent leur estime de soi.

Un CDI ouvert et accueillant

Avoir un CDI ouvert et accueillant permet aux élèves de s'y retrouver pour y mener des recherches ou tout simplement continuer à baigner dans une atmosphère studieuse. On peut s'évader en courant dans la cour mais on peut aussi s'évader dans la lecture ou avoir besoin d'un moment quasiment « douillet ». Sur un plan cognitif, le professeur documentaliste est à l'élève ce qu'est sur un plan plus personnel l'infirmière à l'élève lorsqu'il est mal en point.

Accompagnement éducatif

Il semble nécessaire d'inciter tous ces élèves en décrochage de venir à l'accompagnement éducatif. Cet accompagnement éducatif pourrait commencer à prendre le rôle d'une classe relais c'est-à-dire revenir sur des fondamentaux, combler des lacunes (et non pas seulement agir sur les difficultés de l'année scolaire en cours), remotiver ces élèves avec un travail plus particulier sur le projet personnel (que j'aurais tendance à assimiler au projet de vie : que veut-on faire de sa vie ? Que développe-t-on comme atouts pour réussir ? etc.).

Il ne faudrait pas plus de quelques élèves par groupe mais dans la mesure où il est possible de faire cet accompagnement 3 à 4 fois par semaine, il est possible de constituer 3 à 4 groupes.

Confier des responsabilités aux élèves

Le Comité d'Education à la Santé et à la Citoyenneté (CESC) doit davantage impliquer les élèves dans des actions de solidarité. Trop souvent, le CESC fonctionne comme un prolongement des cours : ce qui ne peut être donné en classe est apporté par des interventions : sécurité routière, questions de justice, maltraitance, etc.

Ce côté informatif (et formateur) est indispensable. Mais il y a aussi les actions toutes simples que les élèves peuvent monter eux-mêmes ou du moins encadrer. En 6ème et 5ème, l'action « un bouchon, un sourire » fonctionne très bien. Il s'agit de recueillir des bouchons en plastique qui seront ensuite donnés à l'association qui les recycle pour en faire des objets. La vente de ces bouchons permet à l'association de financer des fauteuils roulants pour handicapés, etc.

Ce type d'action qui peut être mené par un petit groupe permet aux élèves de se sentir utiles et d'acquérir des notions de solidarité envers autrui, de comportement responsable. Ils apprennent à gérer leur action en communiquant avec tous les élèves du collège (il faut bien trouver ces bouchons et inciter les élèves en à rapporter). Ces mêmes élèves feront le compte-rendu régulièrement de leur activité au sein des réunions du CESC.

Un code de déontologie

Ce qui manque dans l'éducation nationale, c'est un code de déontologie. Ces codes existent dans toutes les professions où on a affaire à un public plus fragile (momentanément ou durablement). C'est le cas chez les médecins, les psychologues du moins au Canada...

La population scolaire, dans la mesure où elle est composée d'individus qui se construisent, est un public sensible. Avoir un code de déontologie permettrait tout d'abord aux enseignants de prendre conscience de cette réalité et d'y réfléchir. C'est aussi le moyen d'avoir un rempart contre toute dérive. Les remarques désobligeantes du style "toi, tu vas finir en prison" ou "j'ai affaire à une classe de trisomiques (sic)" ou "toi, devenir ingénieur, tu t'es vu, tu crois au Père Noël?" ne devraient plus être entendues.

Mais au niveau d'un établissement, cela peut commencer par la rédaction d'une charte. L'idéal serait de la rédiger avec les élèves et pourquoi pas les parents. Chacun de nous doit être impliqué dans l'élaboration de cette charte car nous serons là derrière pour pouvoir la faire respecter.

Les démissions en Lycée Professionnel

Cet article a été publié dans Cahiers pédagogiques en octobre 2002 dans le n° 407. Il a été écrit en réaction à un article publié dans la presse nationale qui ne reflétait pas la réalité. Malgré tout, la perception qu'a l'élève du monde de l'école et du monde du travail reste d'actualité.

Selon un article de presse, plus de 15 000 élèves auraient quitté le système scolaire en l'an 2000, élèves pour la plupart issus de lycées professionnels. A cela s'ajoute la difficulté pour ces mêmes lycées de faire le plein de leurs sections (58 % des établissements selon les enquêtes auraient des problèmes de recrutement).

Il est vrai que nous nous étions habitués à voir des démissions dans le courant du mois qui suivait la rentrée scolaire, démissions consécutives à des situations résolues durant l'été (contrats d'apprentissage, vie active) ou à des réajustements d'affectation (modification des inscriptions en fonction des places libérées). En fin d'année scolaire, les élèves s'inscrivent par précaution tout en cherchant soit un établissement plus proche (le recrutement académique ne permet pas toujours d'obtenir du premier coup un établissement proche de son domicile), soit du travail, soit un contrat d'apprentissage.

Mais actuellement, ces démissions ont été constatées tout au long de l'année scolaire et davantage en baccalauréat professionnel qu'en BEP ou CAP.

Devant l'ampleur du phénomène, plusieurs explications sont proposées par la presse :

- "Ce sont les entreprises qui débauchent", avance-t-on. Avec la reprise économique, les entreprises viendraient jusque dans les établissements solliciter nos jeunes. Mais alors pourquoi recruter des jeunes non formés alors qu'il y a de si nombreux chômeurs pas plus formés que nos élèves ?

- "Les élèves démissionnaires sont souvent issus de familles défavorisées". Ces adolescents entreraient dans la vie active pour mieux aider leurs familles. Il y a sûrement un peu de vrai dans tout cela mais ce n'est sûrement pas l'élément déclencheur. Des corrélations ne constituent pas à elles seules des explications.

Des causes inhérentes au système de formation sont peut-être à rechercher. La formation souvent ne répond ni aux attentes des élèves ni à celle des professionnels. L'enseignement professionnel classique est peu performant. Il ne permet pas toujours d'exercer correctement un métier. Le diplôme obtenu et la voie par l'alternance semblent mieux correspondre aux besoins. Ce manque n'est pas compensé par une culture générale qui reste largement insuffisante. Cette dernière, telle qu'elle est transmise aux élèves, ne permet pas toujours de donner l'épanouissement accompagnant toute acquisition de culture : plaisir de connaître, satisfaction de voir sa curiosité assouvie, réponses aux questions que l'on se pose.

Examinons les caractéristiques des lycées professionnels

Le public
Les élèves sont en moyenne plus âgés car beaucoup ont redoublé. Orientés par l'échec pour un bon tiers d'entre eux. Ces élèves savent très bien qu'ils ne feront jamais d'études longues et qu'ils devront se confronter à la vie active plus ou moins rapidement. Ces élèves ont intégré l'échec scolaire c'est-à-dire qu'ils se sentent incapables de réussir et par là même de surmonter une difficulté lorsqu'elle surgit. Une pédagogie qui ne prend pas en compte cet aspect ne fait que renforcer le sentiment d'échec et leur exclusion : ils ne participent plus.

Par ailleurs, on sait aussi que ces élèves en échec appartiennent le plus souvent à des familles modestes. Dominique GOUX et Éric MAVRIN, chercheurs à l'INSEE constatent en 1997 que 62 % des enfants de 15 ans appartenant aux 20 % des familles les plus modestes sont en retard en 3ème. Le fait d'accumuler du retard scolaire dans le primaire ou au collège est trois fois plus élevé pour les familles les plus modestes que pour les familles les plus aisées.

Les parents de ces élèves en échec ont tous côtoyé l'école et tous n'ont pas réussi. Ne communiqueraient-ils pas à leurs enfants cette indifférence et ce manque de confiance en un système qui n'a pas fait ses preuves à leur égard ? Ces familles n'ont pas une image très positive de l'école qui ne représente pas un moyen de réussite obligé. L'école est finalement, à leurs yeux, un mal nécessaire par lequel il faut passer.

Enfin, désormais tous les garçons sont libérés du service national et ils sont donc pour un employeur libres et disponibles. Avant la réforme, ces adolescents ne pouvaient prendre aucune décision importante tant que le service militaire n'était pas effectué. Rares étaient les employeurs qui les recrutaient avant qu'ils aient été libérés des obligations militaires. Maintenant, ces jeunes peuvent s'engager dans une entreprise et démissionner du lycée.

La durée des études

Les études en lycée professionnel sont plus longues (ou plus courtes selon le cas) que dans un lycée général et technologique.

Ce sont deux cycles de deux ans qui sont proposés, soit 4 ans au total mais toujours avec cette possibilité de sortir du système à la fin du premier cycle (BEP ou CAP) en ayant une qualification. Contrairement à ce qui se passe en lycée général et technologique, le lycée professionnel apporte une qualification et non seulement un diplôme. L'élève peut donc s'insérer immédiatement dans la vie active en exerçant le métier pour lequel il a été préparé.

Les périodes de formation en entreprise

Les périodes de formation en entreprise (PFE) sont l'une des caractéristiques les plus marquantes du lycée professionnel. Les élèves selon les filières effectuent jusqu'à deux mois (parfois 10 semaines) de formation en entreprise par an.

L'élève est confronté alors à deux modes de vie : celui du monde scolaire et celui du monde du travail. Ces deux mondes sont relativement cloisonnés dans notre pays, ils se côtoient certes mais ne s'interpénètrent pas. Il y a une réticence réciproque : l'école ayant la crainte d'être instrumentalisée au profit de l'économie et, l'entreprise redoutant que l'on remette en question ses principes, ce qui pourrait déstabiliser son fonctionnement.

Mais du fait de ces PFE, un élève de Bac Pro passe plus de temps avec son tuteur en entreprise qu'avec l'un de ses quelconques professeurs. Par exemple, en BEP, 5 semaines de PFE sur le cycle correspondent à 195 heures (ou 97,5 heures par an) soit 2,70 heures par semaine (ce calcul ne tient compte que de la période scolaire soit 36 semaines, périodes d'examen incluses, sinon ces chiffres seraient à majorer !). En baccalauréat professionnel, ce sont 624 heures sur le cycle soit 8,66 heures par semaine qui sont consacrées à la PFE.

De plus, en PFE, l'élève a des rapports privilégiés avec son tuteur (qui n'a pas à gérer un groupe de formés mais le plus souvent uniquement son stagiaire). Pour ces raisons, l'élève de lycée professionnel pourrait s'identifier plus facilement à son tuteur qu'à ses professeurs. Il est vrai que l'enseignant, du fait qu'il apporte la connaissance, bénéficie d'une aura. Néanmoins, le tuteur joue aussi le rôle d'un père et le fonctionnement semble plus proche de celle vécue par les compagnons.

La vie au lycée

Les règles de vie au lycée professionnel pour un jeune lycéen sont pour un bon nombre dépassées, surtout pour ces élèves issus de quartiers défavorisés. Adultes le soir, ils se retrouvent enfant le jour en établissement scolaire. Lorsqu'ils sont en formation en entreprise, ils sont traités en adultes (et non pas "comme" des adultes) alors qu'au lycée, ils subissent l'infantilisation même si on s'adresse à eux comme (preuve qu'ils ne le sont pas) à des adultes.

Les enseignements

Les enseignements au lycée professionnel sont des enseignements essentiellement utilitaristes, visant à apporter un élément supplémentaire à la profession et à parfaire la qualification. Ce sont les savoir-faire qui dominent. Même les PPCP, Projet Pluridisciplinaire à Caractère Professionnel, ont cette finalité. C'est bien d'un projet à caractère professionnel dont il s'agit et l'appel à la disciplinarité ne fait qu'accroître le malaise. Pour l'instant, l'effet de la nouveauté, le plaisir de travailler ensemble et autrement gomme cet aspect mais il reviendra tôt ou tard et constituera une frustration chez les enseignants et les élèves, frustration d'autant plus durement ressentie qu'ils auront goûté au parfum de cette liberté.

Philippe Meirieu, dans un article du Monde (Le Monde du 5 septembre 2000) montre bien que la crise de l'école est liée à cette instrumentalisation des savoirs et il nous rappelle que depuis 1960, Louis Legrand préférait à cette pédagogie utilitariste des savoirs une pédagogie de l'étonnement. Il signale également dans cet article que le caractère utile des savoirs scolaires est récusé par les élèves eux-mêmes. La consultation nationale des lycéens en 1998 montre chez les élèves un désir de connaissance dénué de toute finalité immédiate, preuve en est par exemple la demande de cours de philosophie par les élèves de lycée professionnel. Il est vrai également que ces élèves ont fait part lors de cette consultation de leur désir d'avoir des cours "pratiques" (comment remplir un CV, passer un entretien ou même avoir des cours de cuisine), tout ce qu'il faut pour entrer dans la vie...

Il semble nécessaire de trouver un équilibre et de redonner une place à la culture générale, à la connaissance, celle qui éveille en nous la perpétuelle soif de savoir. C'est aussi le désir de connaissance qu'Aristote reconnaissait en chaque homme et qui nous permet de nous dégager de la "pédagogie bancaire" dénoncée par Paulo Freire.

Apports de la formation en entreprise

Ce sont les caractéristiques telles que les vivent les élèves qui vont permettre de comprendre comment l'entreprise vient concurrencer la formation en établissement.

Le salaire

Plus qu'une rémunération, c'est la reconnaissance du travail fait, du travail réussi. Pour l'élève, c'est l'évaluation suprême. Le salaire a un prix, celui du travail accompli dans les " attendus " c'est-à-dire accompli selon un cahier des charges précis (pour reprendre la terminologie de l'entreprise).

Le tuteur en entreprise

C'est tout d'abord un collègue avec qui on échange. Il y a moins le rapport supérieur-inférieur que l'on trouve dans le système scolaire. Comme à l'armée, la soumission aux règles à l'école précède toujours la transmission des connaissances et reste prédominante : " on se tait et on écoute ".

En entreprise, ce qui réunit d'abord les individus, c'est la tâche commune (quand ce n'est pas une œuvre) à accomplir, l'objet à fabriquer, le marché à conclure, le client à satisfaire, mais aussi des préoccupations à partager.

De plus le tuteur est aussi un maître qui ne se contente pas d'apprendre un métier mais qui apprend la vie. Pour ceux qui ont travaillé en usine, ce sont beaucoup de moments passés ensemble où il est possible de discuter de tout et de rien c'est-à-dire d'échanger des opinions, des points de vue, des plaisanteries. En classe, les professeurs ne débordent pas sur leurs cours, ils n'entrent jamais dans la sphère privée, celle qui justement pourrait permettre d'éprouver les théories, de mettre à l'épreuve la connaissance par l'énonciation des faits vécus. Dans ce contexte, l'application des règles apparaît comme une marque de respect : respect des compagnons de travail, respect de l'outil de travail commun.

La formation en entreprise

Au cours de quelques entretiens que nous avons pu avoir avec des élèves démissionnaires, tous ont la conviction que la formation en entreprise est plus complète que celle apportée par le lycée. Pour eux, l'entreprise favorise un apprentissage en situation réelle et non plus en simulation. Certains ajoutent qu'en plus, ils bénéficient chez un patron d'un matériel performant et complet, matériel qui fait parfois défaut dans un établissement scolaire.

Les perspectives d'avenir

L'élève peut faire carrière dans l'entreprise, pas dans un établissement scolaire. Ne pas saisir une opportunité d'embauche, c'est prendre le risque de se fermer une porte définitivement. L'élève est donc tenté, s'il s'y trouve bien, à s'investir dans une telle aventure même si elle comporte une part de risque.

Nous voyons que bon nombre de ces

raisons empêchent les lycées professionnels d'être plus attractifs. Ils ne rivalisent pas toujours avec les formations proposées en alternance.

L'établissement scolaire doit apporter un plus et non pas réduire son apport à un savoir-faire qui bien souvent reste coupé de la réalité et qui ne peut s'apprécier en situation. Le risque est finalement pour l'école d'être discréditée parce que moins performante et toujours coupée de la réalité.

Le plus que doit apporter la formation est une authentique culture générale. Cette culture sert de base à une véritable éthique de vie : elle donne du sens non seulement à notre travail mais à notre existence. Elle permet à l'élève de s'engager dans une véritable formation permanente où la curiosité intellectuelle, la tolérance (car la culture est toujours indissociablement liée à l'universel, à l'autre) forgeront sa personnalité.

C'est dans cet esprit et pour ces raisons qu'en lycée professionnel, les projets artistiques et culturels, les cours de philosophie ou de psycho-sociologie doivent être présents.

Il faut également rendre plus fréquentes les rencontres avec les professionnels, que ce soit par la participation à des salons ou par la visite d'entreprises, par exemple. Lorsque les élèves de la filière mécanique automobile et de carrosserie se rendent au salon de la pièce détachée à Paris, ils peuvent d'une part, prendre connaissance des derniers matériels mis sur le marché et d'autre part, discuter avec des professionnels de méthodes de travail, de l'intérêt comparée de pièces mécaniques ayant le même usage mais conçus différemment et discuter également des spécificités de la profession. Ces connaissances acquises pourront être directement utilisables par les élèves lorsqu'ils exerceront leur métier. Et si par faute de moyens, ils ne peuvent avoir accès à ces nouveaux matériels, ils auront néanmoins une vision plus large de leur métier et analyseront avec plus de recul et de pertinence une situation de travail.

La visite d'un salon est également un moment privilégié où élèves et professeurs ont, face aux innovations présentées, la même curiosité. Ils apprennent ainsi ensemble. De plus, il est inutile de préciser que ces sorties permettent aux élèves et aux professeurs de mieux se connaître.

Il est envisageable également que les élèves tiennent un stand à un salon. Il s'agit pour eux de présenter une réalisation effectuée en classe (dans le cadre d'un PPCP par exemple). Cette participation ne peut que valoriser leur travail et leur donner un sentiment de fierté : fierté d'avoir réalisé un produit qui est présenté en public, fierté d'être considérés au même titre qu'un professionnel, fierté de pouvoir répondre aux questions des visiteurs. Ils peuvent à l'occasion d'un salon du livre par exemple présenter un livre édité, réalisé dans le cadre d'un projet ou au salon de l'automobile, exposer une pièce de mécanique réalisée en classe (par des élèves de productique en concertation avec des élèves de mécanique automobile ou de carrosserie), etc.

Les visites d'entreprise sont également intéressantes bien qu'elles se situent à un autre niveau. Les élèves y sont davantage spectateurs qu'acteurs même s'ils s'y rendent avec des interrogations précises ou si la visite est très documentée.

La possibilité pour des élèves d'effectuer une période de formation en entreprise à l'étranger est aussi une expérience enrichissante et parfois inoubliable. Les élèves sont plongés dans une culture étrangère pendant plusieurs semaines. La connaissance d'un autre système de travail (au niveau de l'organisation, des procédures de réalisation, de la hiérarchisation des priorités au niveau des tâches, des relations entre les différents membres de l'entreprise) est d'un énorme intérêt pour la formation professionnelle de ces élèves. De plus, cette immersion dans un pays étranger développe l'autonomie de l'élève et son sens des responsabilités. Effectuées dans le cadre d'un projet Léonardo, ces formations sont financées pour la plus grande partie par une subvention européenne. Un cadre de référencement facilite la mise en œuvre des évaluations et la validation de cette formation par la délivrance d'un certificat européen (EURO-PASS). Cela permet une reconnaissance de ce stage par les structures et autorités du pays d'accueil et du pays d'origine. En outre, les élèves qui effectuent une partie de leur formation à l'étranger auront plus de facilité à trouver un emploi du fait de l'élargissement de leurs compétences mais aussi parce qu'ils seront devenus un peu plus autonomes et déjà familiarisés à la mobilité. Enfin, les élèves qui ont eu ces parcours ont manifesté à leur retour un intérêt plus grand pour la culture en général et ont progressé plus rapidement.

Il faut également favoriser et généraliser l'alternance pilotée par les établissements scolaires afin de permettre à ces quelques élèves qui refusent le système scolaire d'avoir une formation sous statut scolaire sans pour autant négliger la formation générale.

C'est à travers des réalisations, des rencontres, des appropriations que l'élève prend une part active à sa formation. Par cette praxis, il intériorise la culture tout en l'habitant.

Ainsi, il ne s'entendra plus dire au travail " Mais qu'est-ce qu'on t'a appris à l'école ?". Au contraire, il deviendra la fierté et l'espoir de son milieu de travail.

N.B. le titre a été choisi par le Comité de direction et ne traduit pas l'esprit du texte. Il ne s'agit pas de laisser rêver mais de tenir compte du rêve de l'enfant.

Orientation : informer et laisser rêver

Article publié en septembre-octobre 2011 dans «les Cahiers Pédagogiques»

Comment éviter des rencontres de type « Carrefour des métiers » où les élèves zappent d'un stand à l'autre, où parfois il est difficile de s'approcher, où la présence de plusieurs intervenants en un même lieu et en un même jour ne facilite pas un approfondissement ? Nous avons pensé à faire venir les professionnels dans le collège à tour de rôle, afin de les mettre en relation avec des élèves volontaires.

Les élèves ont eu connaissance des métiers qui ont été proposés ou de ceux pour lesquels un intervenant était disponible par un affichage ou une information lors des études. Lorsqu'une vingtaine d'entre eux avait manifesté leur intérêt en s'inscrivant sur un cahier, nous faisions venir l'intervenant ou lancions une recherche pour en trouver un. Toutes les interventions ont eu lieu entre 12 H 45 et 13 h 45, heure de reprise des cours. Ces horaires ont très bien été acceptés, aussi bien par les intervenants que par les élèves (ces horaires respectaient les heures de cours comme le souhaitaient à tout prix les enseignants).

Quels intervenants ?

Ce sont tout simplement des parents d'élèves, passionnés par leur profession qui, pendant une heure, venaient parler de leur activité et répondre aux questions des élèves.

Au départ, nous avions proposé des métiers qu'exerçaient des parents qui avaient bien voulu se prêter au jeu. Mais les choix des métiers s'étaient révélé assez limités. Comme les parents acceptaient volontiers et même proposaient de faire venir certaines de leurs connaissances, nous avions finalement tenus compte des souhaits des élèves. Ainsi, parce qu'un élève voulait rencontrer un égyptologue, une mère d'élève nous avait trouvé une archéologue qui travaillait ponctuellement en Egypte ; parce qu'un autre voulait absolument rencontrer un architecte, nous avions lancé un appel parmi les parents, et un architecte responsable d'un important cabinet était venu parler aux élèves de son métier, des projets réalisés et de sa formation.

L'avantage de faire appel aux parents (ou à leurs connaissances) est que nous avions des personnes disponibles : elles proposaient souvent de revenir si besoin, étaient toujours prêtes à répondre par courriel à des questions tardives, étaient parfois en mesure d'accueillir des élèves de 3ème pour leur stage d'observation (cela s'était fait rapidement avec le médecin vétérinaire).

Les métiers de leurs rêves
Ces interventions avaient débuté fin novembre à raison d'une intervention en moyenne par semaine. Certains élèves avaient assisté à plusieurs interventions.

Nous avions ainsi fait venir une journaliste accompagnée d'un photographe de l'AFP et d'un présentateur TV, un médecin, un éducateur spécialisé, un architecte, une esthéticienne ; par la suite, nous avions reçu un avocat, un vétérinaire et un ingénieur du CNES, responsable de la réalisation et intégration des satellites.

Certains métiers, bien que proposés par des parents d'élèves, avaient eu peu de succès : carrossier, cordonnier, arboriste-grimpeur, plombier, dentiste, secrétaire-trilingue, etc. D'autres avaient été très demandés : puéricultrice, pilote de ligne, métiers de la police, décorateur, vétérinaire, archéologue, pâtissier, concepteur de jeux vidéo.

Le dispositif cherchait à répondre au plus près à la curiosité des élèves, sans préjuger de leurs parcours à venir au vu de leurs résultats scolaires ou de leur comportement dans l'établissement. En effet, il nous semblait important de ne porter aucun jugement de valeur sur le projet professionnel de l'élève, chacun d'eux ayant droit à la présomption de réussite. Si un élève nous déclarait qu'il désirait être pilote de ligne ou médecin vétérinaire, nous devions lui donner les moyens d'atteindre son objectif ou, à défaut, de lui permettre de s'en approcher (carrières paramédicales pour les filières de santé, dessin industriel pour les études d'architecte par exemple, etc.). Ne pas respecter ce projet de l'élève en invoquant une réalité sociale certes objective, c'était briser l'élan vital de l'élève, c'était aussi bafouer une relation de confiance entre l'enseignant (le dépositaire du projet) et l'apprenant, à un moment où l'élève nous faisait part de son rêve. Les rêves étaient de puissants moteurs de la réussite et nous ne devions pas l'oublier.

Cela ne devait pas nous empêcher d'indiquer à l'élève, de manière objective mais aussi constructive, les conditions à respecter pour que son rêve puisse s'accomplir : développement de certaines compétences et des qualités indispensables, une bonne connaissance du marché de l'emploi, etc. Il est évident que le choix de l'élève risquait fort bien d'évoluer mais son rêve lui avait permis d'avancer et de continuer à s'investir dans sa scolarité. Signifier à un élève qu'il ne réussira jamais à réaliser le métier dont il rêve c'est parfois en faire un décrocheur ! Mais les rencontres avaient pour but de construire des repères et d'affiner ses choix.

Brièvement

Mon parcours

Entré à l'Education Nationale en 1971, je n'en suis parti qu'en 2015 avec une interruption de sept annéees passées en Algérie pour enseigner le français. J'ai occupé de nombreux postes à commencer par des postes de maître au pair et de surveillant d'externat jusqu'à des postes d'encadrement (proviseur-adjoint, principal-adjoint et principal). J'ai également été chargé de mission dans une inspection académique et dans un rectorat à la DAAC.

J'ai également encadré des ateliers dans des universités d'été (Langages et signification), participé à un stage européen dans le cadre du programme Arion, visité des établissements italiens et espagnols dans le cadre d'un programme Lingua E et de Léonardo pour les seconds.

Ma formation

Etudes de Psychologie (DESS de pys-
chologie sociale et DEA de Biologie du comportement)
DEA de Linguistique
Doctorat à l'ESAV

PUBLICATIONS
ET INTERVENTIONS
SUR LES MÊMES SUJETS

D'autres articles ont été publiés mais sur d'autres thématiques (en SMS, en photographie et en Français Langue Etrangère notamment)

- Orientation : informer et laisser rêver Cahiers pédagogiques, n° 491. Faits et idées, octobre 2011

- Donner une note de vie scolaire ? Cahiers pédagogiques, n° 473. Faits et idées, mai 2009

- Une seconde indéterminée pour tous. Cahiers pédagogiques, n° 420. Faits et idées, janvier 2004

- Les démissions d'élèves en LP. Cahiers pédagogiques, n° 407. Faits et idées, octobre 2002

- La violence des images. Conférence à l'ESAV à l'Université de Toulouse-le-Mirail en avril 1999, invité avec Serge TISSERON

- Travail sur image : du négatif au positif... ou de la remédiation pédagogique par la photographie. Catalogue NTE n° 5. Réseau ressources. Rectorat-MAFPEN de l'Académie de Toulouse, mars 1995

- Exercices pédagogiques : comprendre les consignes. Sciences Médico-Sociales, juin 1994, n° 28, p. 25-27.

- Des gestes et de leur interprétation. Le Français dans le Monde, août-septembre 1993, n° 259, p. 62-65.

Quelques articles ont été publiés par l'ASPMS et par la MAFPEN (Rectorat de Toulouse).

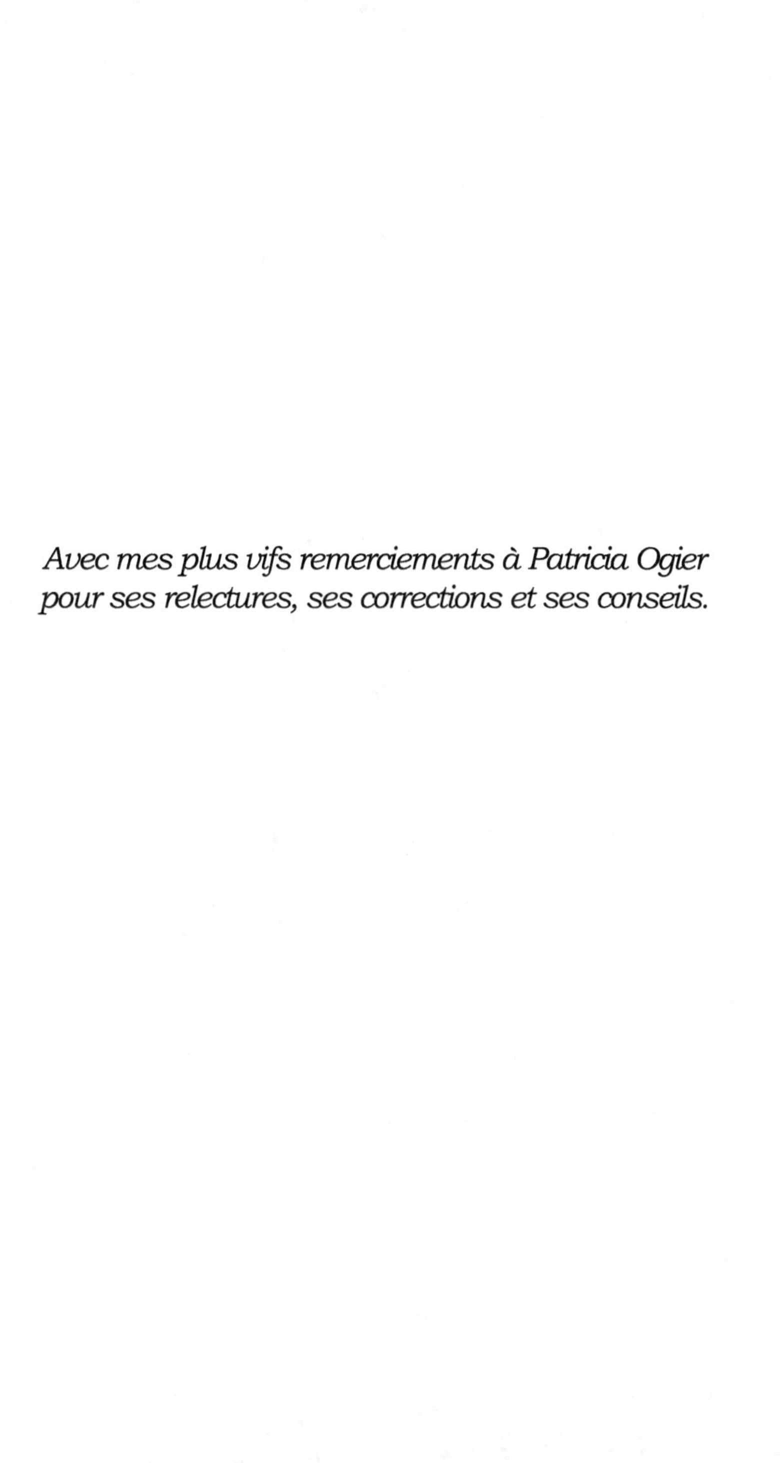

Avec mes plus vifs remerciements à Patricia Ogier pour ses relectures, ses corrections et ses conseils.

Editions Le Point du Jour

2, hameau du Grazel
11430 GRUISSAN

achevé le 26 avril 2018

Dépôt légal Mai 2018

N° ISBN 97819806093185

imprimé en Pologne
Sp. zo.o. Wroclaw

www.ingramcontent.com/pod-product-compliance
Lightning Source LLC
La Vergne TN
LVHW051305200726
843510LV00010B/1293